Inhalt

Leveraged Buy-Outs - Kein Licht am Ende des Tunnels

Kernthesen

Beitrag

Fallbeispiele

Weiterführende Literatur

Impressum

Leveraged Buy-Outs - Kein Licht am Ende des Tunnels

Gerhard Dengl

Kernthesen

- Leveraged Buy-Outs, also fremdfinanzierte Firmenübernahmen, waren jahrelang das lukrative Kerngeschäft von Private-Equity-Unternehmen. Seit der Finanzkrise ist aber der gesamte Markt zum Erliegen gekommen.
- Einer der Gründe ist, dass die Banken, die normalerweise den größten Anteil der Fremdfinanzierung stellen, im Hinblick auf die anstehende schärfere Regulierung durch Basel III deutlich zurückhaltender geworden sind.
- Ungemach droht auch noch von Seiten des

Gesetzgebers. Es wurde ein Gesetzesvorhaben angestoßen, das LBOs mit einer Strafsteuer belegen soll.

Beitrag

Fremdfinanzierung durch Banken schwierig geworden

Größere schuldenfinanzierte Übernahmen durch Finanzinvestoren - Leveraged Buy-Outs (LBO) - sind seit dem Beginn der Finanzkrise 2007/2008 in Europa stark zurückgegangen. Das liegt nicht an der mangelnden Eigenkapitalausstattung der Beteiligungsgesellschaften, sondern daran, dass der jeweils benötigte Fremdkapitalanteil nicht mehr so einfach zu beschaffen ist. In vielen Fällen sind die Banken, die bisher großvolumige LBOs mitfinanziert haben, vorsichtig geworden. Ihrer Meinung nach sind die Risiken wegen der unsicheren wirtschaftlichen Entwicklung zu hoch geworden. Abgesehen davon, müssen die Banken zusehen, wie sie im Hinblick auf die anstehende Verschärfung der Eigenmittelanforderungen durch Basel III ihre Bilanzen verkürzen; da ist das Zurückfahren riskanter

Kredite ein guter Hebel. Sie sind nur noch dazu bereit, Kredite für die Übernahmen von Top-Unternehmen zu vergeben, die einen stabilen und kalkulierbaren Cash-Flow sowie Wachstumspotenzial haben. (2), (6)

Keine geeigneten Übernahmeobjekte in Sicht

Ein weiteres Problem neben dem Aufstellen der Finanzierung ist, dass es offenbar nur wenig lohnenswerte Objekte gibt. Die Konzerne profitieren von ihren starken Gewinnen und der Nachfrage der Investoren nach Unternehmensanleihen. Erstmals seit sehr langer Zeit haben große Unternehmen vollere Kassen und weitaus besseren Zugang zu Finanzierungen als die Finanzinvestoren. Das sind denkbar schlechte Voraussetzungen für einen aufblühenden LBO-Markt. Die Branche leidet unter dem Effekt, dass viel Eigenkapital verfügbar und auf der Suche nach Rendite ist, aber der Zeitpunkt ungünstig scheint. (4), (6)

Buy-Out-Fonds

Das für einen Unternehmenskauf benötigte Eigenkapital treiben Private-Equity-Häuser normalerweise über Buy-Out-Fonds auf. Die Investoren in solche Fonds, meist Pensionskassen, Staatsfonds, Stiftungen und Funds of Funds, erwarten für ihre Investition eine überdurchschnittliche Rendite. Diese können die Private-Equity-Gesellschaften aber nur realisieren, wenn sie geeignete Übernahmeobjekte identifizieren, die Fremdfinanzierung auf die Beine stellen können und dann im Bieterwettstreit auch noch zum Zuge kommen. (3)

Gläubigerschutzklauseln beachten

Obwohl sowohl Aktionäre als auch Anleihegläubiger in ein Unternehmen investieren, haben die beiden Gruppen unterschiedliche und teils gegensätzliche Erwartungen. Während Anleiheinvestoren grundsätzlich einen hohen Eigenkapitalanteil und eine geringe Verschuldung bevorzugen, präferieren Anleiheinvestoren die entgegengesetzte Kombination. Gläubigerschutzklauseln, sogenannte Covenants, werden genutzt, um Anleiheinvestoren zu schützen, indem sich beispielsweise der Kupon einer Anleihe erhöht, wenn das Rating des Unternehmens sich verschlechtert. Hintergrund: Viele LBOs haben oft eine Erhöhung der Verschuldung und damit eine sinkende Bonität zur Folge. Schon bevor ein LBO stattfindet, muss sich der Investor im Klaren sein, dass relativ kurz nach dem Eigentumswechsel ein gewisser Prozentsatz an Anleihegläubigern kündigen wird und ausbezahlt werden muss. Für diese wegbrechende Finanzierung muss rechtzeitig ein Ersatz geplant werden. (1)

Trends

Höherer Eigenkapitalanteil und längere Haltedauer

Da die Fremdfinanzierung schwieriger wird, muss der Eigenkapitalanteil an LBOs steigen. Das drückt zwar die Rendite, scheint derzeit aber ein gangbarer Kompromiss zu sein. Gleichzeitig müssen die Beteiligungen wahrscheinlich auch länger gehalten werden als früher. Eine Exit-Strategie funktioniert nur, wenn es einen oder mehrere neue Kaufinteressenten gibt. Das ist oft leider nicht der Fall. Diese beiden ungewöhnlichen Umstände zwingen Private-Equity-Häuser über ihr Geschäftsmodell nachzudenken. Erstmalig müssen sie nun selbst überlegen, ob sie noch zukunftsfähig sind. (9), (10)

Fremdfinanzierung über syndizierte Kredite

Während einzelne Banken zunehmend die Fremdfinanzierung von LBOs ablehnen, gibt es offenbar den Trend, diese Finanzierung über einen Konsortialkredit darzustellen. Das ist zwar für die Beteiligungsgesellschaften weniger bequem, da mit einem höheren Koordinierungsaufwand und auch mit höheren Kreditkosten verbunden, aber letzten Endes gibt es dazu keine Alternative. Vielmehr als ein Hoffnungsschimmer im aktuell sehr ruhigen Markt für Unternehmenskäufe ist aber auch das nicht. (5)

Strafsteuer auf LBOs

Im Rahmen der Modernisierung und Vereinfachung des Unternehmenssteuerrechts wird derzeit ein Gesetzesvorhaben diskutiert, das LBOs künftig noch unattraktiver machen soll. Um "fremdfinanzierten Beteiligungserwerb", also einen LBO, zu erschweren, steht im Raum, dafür eine besondere Steuer zu erheben. Damit verleiht der Gesetzgeber seiner Wahrnehmung Ausdruck, dass LBOs letztlich zu spekulativen Zwecken ausgeführt werden und daher Markt und Realwirtschaft mittelfristig eher schädigen als helfen. Ob diese Wahrnehmung korrekt ist, sei dahin gestellt. Fakt ist: Kommt die Steuer, ist sie ein weiteres Hemmnis für den LBO-Markt. (7)

Fallbeispiele

BC Partners mit größtem Buy-out-Fonds seit der Lehman-Pleite

BC Partners haben mit ihrem jüngsten Fonds European Capital IX 6,5 Milliarden Euro eingesammelt, was ihn zum größten Buy-out-Fonds seit der Lehman-Pleite macht. Das Unternehmen kommentierte aber, dass das Fundraising deutlich anspruchsvoller geworden ist, weil die Geldgeber viel genauer informiert werden wollen als früher. Die Schwierigkeiten kann man auch daran erkennen, dass BC Partners mit 18 Monaten ungewöhnlich lange gebraucht haben, um das Geld zusammenzubekommen. Anders als früher kommt in diesem Fonds der Großteil der Investoren nicht aus den USA, sondern aus Europa und dem Rest der Welt. (3)

BayBG mit alternativen

Einstiegsstrategien

Der auf den Mittelstand spezialisierte Nischenanbieter BayBG leidet wie die gesamte Private-Equity-Branche unter zu viel Eigenkapital und zu wenigen Möglichkeiten, dieses lukrativ einzusetzen. Allerdings sieht es die BayBG als Chance an, dass die Kreditvergabe durch Banken aufgrund der Anforderungen aus Basel III zurückgehen wird; denn wenn das Unternehmen statt der Bankken einspringt, könnte es über diesen Umweg doch noch Eigenkapital in Firmen investieren. (8)

Weiterführende Literatur

(1) Mindeststandards in der Bondkommunikation aus Die Bank, Heft 02/2012, S. 16-18

(2) Knappe Kredite beschleunigen Ausleseprozess SCM: "Gute Schuldner" unter Beteiligungsgesellschaften setzen sich durch - Altlasten aus dem Rausch 2006/07 holen den Markt ein
aus Börsen-Zeitung, 28.01.2012, Nummer 20, Seite 10

(3) BC Partners geht mit voller Kasse auf Firmenjagd Finanzinvestor sammelt 6,5 Mrd. Euro ein - Größter Fonds seit Lehman-Pleite - Geldgeber zeigen sich kritisch - Milliardendeals "möglich"

aus Börsen-Zeitung, 22.02.2012, Nummer 37, Seite 9

(4) Private Equity in Lauerstellung Es wird schwieriger und teurer - Finanzierungsengpässe und fehlende Ziele drücken Investoren an den Rand
aus Börsen-Zeitung, 25.02.2012, Nummer 40, Seite 11

(5) Die Rückkehr des Synloans
aus FINANCE - Der Markt für Unternehmen und Finanzen Heft Ausgabe Juni/Juli vom 08.06.2012, Seite 52

(6) Global oder raus
aus FINANCE - Der Markt für Unternehmen und Finanzen Heft Ausgabe Juni/Juli vom 08.06.2012, Seite 60

(7) Kreditfinanzierung von Firmenkäufen - ein Missbrauch? "Strafsteuer schadet Deutschland als M&A-Standort" - Missbilligung von Buy-outs
aus Börsen-Zeitung, 09.06.2012, Nummer 109, Seite 13

(8) Euro-Krise dämpft Beteiligungsgeschäft Geschäftsführer des Nischenanbieters arbeitet an Tilgungslösungen in der derzeitigen Rückzahlungswelle bei Standard-Mezzanine
aus Börsen-Zeitung, 17.07.2012, Nummer 135, Seite 11

(9) In Maßarbeit
aus FINANCE - Der Markt für Unternehmen und Finanzen Heft Sonderbeilage Top-Kanzleien vom 03.02.2012, Seite 6

(10) Vieles im Fluss
aus FINANCE - Der Markt für Unternehmen und Finanzen Heft Sonderbeilage Top-Kanzleien vom 03.02.2012, Seite 14

Impressum

Leveraged Buy-Outs - Kein Licht am Ende des Tunnels

Bibliografische Information der deutschen Nationalbibliothek

Die Deutsche Nationalbibliothek verzeichnet diese Publikation in der deutschen Nationalbibliografie; detaillierte bibliografische Daten sind im Internet über http://dnb.d-nb.de abrufbar.

ISBN: 978-3-7379-0522-0

© 2015 GBI-Genios Deutsche Wirtschaftsdatenbank GmbH, Freischützstraße 96, 81927 München, www.genios.de

Alle Rechte vorbehalten. Dieses Werk ist einschließlich aller seiner Teile – z.B. Texte, Tabellen und Grafiken - urheberrechtlich geschützt. Jede Verwertung außerhalb der Grenzen des Urheberrechtsgesetzes bedarf der vorherigen Zustimmung des Verlags. Dies gilt insbesondere auch für auszugsweise Nachdrucke, fotomechanische Vervielfältigungen (Fotokopie/Mikroskopie), Übersetzungen, Auswertungen durch Datenbanken oder ähnliche Einrichtungen und die Einspeicherung und Verarbeitung in elektronischen Systemen.